दस्ते-सबा

फ़ैज़ अहमद फ़ैज़

लिप्यंतरण

अब्दुल बिस्मिल्लाह

सम्पादन

अब्दुल बिस्मिल्लाह

धर्मेन्द्र सुशांत

राजकमल पेपरबैक्स

राजकमल पेपरबैक्स में
पहला संस्करण : 2020
चौथा संस्करण : 2026

राजकमल पेपरबैक्स : उत्कृष्ट साहित्य के जनसुलभ संस्करण

राजकमल प्रकाशन प्रा.लि.
1-बी, नेताजी सुभाष मार्ग, दरियागंज
नई दिल्ली-110 002
द्वारा प्रकाशित

शाखाएँ : अशोक राजपथ, साइंस कॉलेज के सामने, पटना-800 006
पहली मंजिल, दरबारी बिल्डिंग, महात्मा गांधी मार्ग, प्रयागराज-211 001
1, अनमोल सोराबजी सन्तुक लेन, धोबी तलाव, मरीन लाइंस, मुम्बई-400 002
वेबसाइट : www.rajkamalprakashan.com
ई-मेल : info@rajkamalprakashan.com

बी.के. ऑफसेट
नवीन शाहदरा, दिल्ली-110 032
द्वारा मुद्रित

मूल्य : ₹ 199

DASTE-SABA
Compute Poesms of Faiz Ahmad Faiz
Transliteration by Abdul Bismillah

ISBN : 978-93-89598-43-8

कुलसूम के नाम

उनवानात*

---

* शीर्षक।

इब्तेदाइय:*

एक ज़माना हुआ जब ग़ालिब ने लिखा था कि जो आँख क़तरे[1] में दजला[2] नहीं देख सकती, दीद:-ए-बीना[3] नहीं बच्चों का खेल है। अगर ग़ालिब हमारे हमअस्त्र[4] होते तो ग़ालिबन[5] कोई न कोई नाक़िद[6] ज़रूर पुकार उठता कि ग़ालिब ने बच्चों के खेल की तौहीन की है। या यह कि ग़ालिब अदब[7] में प्रोपेगंडे के हामी[8] मालूम होते हैं। शाइर की आँख को क़तरे में दजला देखने की तल्क़ीन[9] करना सरीह[10] प्रोपेगंडा है। उसकी आँख को तो महज़ हुस्न से ग़रज़ है और हुस्न अगर क़तरे में दिखाई दे जाए तो वह क़तरा दजला का हो या गली की बदररौ[11] का, शाइर को उससे क्या सरोकार! यह दजला देखना-दिखाना हकीम, फ़लसफ़ी[12] या सियासतदान[13] का काम होगा, शाइर का काम नहीं है।

अगर उन हज़रात का कहना सही होता तो आबरू-ए-शेव:-ए-अहले-हुनर[14] रहती या जाती। अहले-हुनर का काम यक़ीनन बहुत

---

* पुरोवाक या आरम्भिक।

1. बूँद, 2. इराक़ की एक नदी, 3. देखनेवाली दृष्टि, 4. समकालीन, 5. सम्भवत:, 6. आलोचक, 7. साहित्य, 8. समर्थक, 9. सदुपदेश, 10. खुल्लम-खुल्ला, सरासर, 11. नाली, 12. दार्शनिक, 13. राजनीतिज्ञ, 14. कलाकारों की परिपाटी की आबरू।

सहल हो जाता, लेकिन ख़ुशक़िस्मती या बदक़िस्मती से फ़न्ने-सुख़न[1] (या कोई फ़न) बच्चों का खेल नहीं है। इसके लिए तो ग़ालिब का दीद:-ए-बीना भी काफ़ी नहीं।

इसलिए काफ़ी नहीं कि शाइर या अदीब को क़तरे में दजला देखना ही नहीं, दिखाना भी होता है। मज़ीद-बर आँ[2] अगर ग़ालिब के दजला से ज़िन्दगी और मौजूदात[3] का निज़ाम[4] मुराद[5] लिया जाए तो अदीब ख़ुद भी उसी दजला का एक क़तरा है। इसके मा'नी ये हैं कि दूसरे अनगिनत क़तरों से मिलकर उस दरिया के रुख़, उसके बहाव, उसकी हैइयत[6] और उसकी मंज़िल के तईन[7] की ज़िम्मेदारी भी अदीब के सर आन पड़ती है।

यूँ कहिए कि शाइर का काम महज़ मुशाहदा[8] ही नहीं, मुजाहदा[9] भी उस पर फ़र्ज़ है। गिर्दो-पेश के मुज़्तरिब[10] क़तरों में ज़िन्दगी के दजला का मुशाहदा उसकी बीनाई[11] पर है। उसे दूसरों को दिखाना उसकी फ़न्नी-दस्तरस[12] पर, उसके बहाव में दख़लअन्दाज़ होना उसके शौक़ की सलाबत[13] और लहू की हरारत[14] पर।

और ये तीनों काम मुसलसल काविश[15] और जद्दोजहद चाहते हैं।

निज़ामे-ज़िन्दगी[16] किसी हौज़ का ठहरा हुआ संगबस्ता[17], मुक़ैयद[18] पानी नहीं है जिसे तमाशाई की एक ग़लतअन्दाज़ निगाह अहाता[19] कर सके। दूर-दराज़ ओझल दुश्वारगुज़ार[20] पहाड़ियों में बर्फ़ें पिघलती हैं, चश्मे[21] उबलते हैं, नदी-नाले पत्थरों को चीरकर, चट्टानों को काटकर आपस में हमकिनार[22] होते हैं और फिर यह

---

1. काव्य-कला, 2. ज़्यादा से ज़्यादा, 3. भौतिकता, 4. व्यवस्था, संगठन, 5. तात्पर्य, 6. भयावहता, 7. निश्चिन्तता, 8. निरीक्षण, 9. पराक्रम, 10. व्याकुल, 11. दृष्टि, 12. कलात्मक पहुँच, 13. सख़्ती, 14. गर्मी, 15. जिज्ञासा, 16. जीवन का प्रबन्धन, 17. सुदृढ़, 18. क़ैद में बन्द, 19. घेर, 20. दुष्कर, 21. झरने, 22. एक साथ किनारे लगना।

कटता-बढ़ता, वादियों, जंगलों और मैदानों में सिमटता और फैलता जाता है। जिस दीद:-ए-बीना ने इनसानी तारीख़ में यम्मे-ज़िन्दगी[1] के ये नक़ूश[2] व मराहिल[3] नहीं देखे, उसने दजला का क्या देखा है! फिर शाइर की निगाह उन गुज़श्ता[4] और हालिया[5] मुक़ामात[6] तक पहुँच भी गई, लेकिन उनकी मंज़रकशी में नुत्को-लब[7] ने यावरी[8] न की या अगली मंज़िल तक पहुँचने के लिए जिस्मो-जाँ, जह्दो-तलब[9] पर राज़ी न हुए तो भी शाइर अपने फ़न से पूरी तरह सुर्ख़रू नहीं है।

ग़ालिबन इस तवील[10] और अरीज़[11] इस्तिआरे[12] को रोज़मर्रा (के) अल्फ़ाज़ में बयान करना ग़ैरज़रूरी है। मुझे कहना सिर्फ़ यह था कि हयाते-इनसानी[13] की इज्तिमाई[14] जद्दोजहद का इद्राक[15] और उस जद्दोजहद में हस्बतौफ़ीक़[16] शिरकत, ज़िन्दगी का तक़ाज़ा ही नहीं, फ़न का भी तक़ाज़ा है।

फ़न इसी ज़िन्दगी का एक जुज़्व[17] और फ़न्नी जद्दोजहद इसी जद्दोजहद का एक पहलू है। यह तक़ाज़ा हमेशा क़ायम रहता है। इसीलिए तालिबे-फ़न[18] के मुजाहिद[19] का कोई निर्वान (निर्वाण) नहीं। उसका फ़न एक दायमी[20] कोशिश है और मुस्तक़िल[21] क़ाविश।

इस कोशिश में कामरानी या नाकामी तो अपनी-अपनी तौफ़ीक़ व इस्तिताअत[22] पर है। लेकिन कोशिश में मसरूफ़ रहना बहरतौर मुमकिन भी है और लाज़िम भी।

ये चन्द सफ़ाहात[23] भी इसी नौअ[24] की एक कोशिश हैं। मुमकिन है कि फ़न की अज़ीम ज़िम्मेदारियों से अह्दे-बर आँ[25] होने की कोशिश

---

1. ज़िन्दगी का दरिया, 2. चिह्न, 3. पड़ाव, 4. बीते हुए, 5. वर्तमान, 6. स्थानों, 7. वाणी और होंठ, 8. सहायता, 9. प्रयत्न और इच्छा, 10. लम्बा, 11. चौड़ा, 12. रूपक, 13. इनसान की ज़िन्दगी, 14. सामूहिक, 15. बोध, 16. सामर्थ्य-भर, 17. भाग, अंग, 18. कला (काव्य-कला), के इच्छुक, 19. पराक्रमी, 20. स्थायी, 21. निरन्तर, 22. सामर्थ्य, 23. पृष्ठ, 24. जाति (व्यक्ति), 25. प्रतिज्ञावान।

के मुज़ाहिरे[1] में भी नुमाइश या तआला[2] और ख़ुदपसन्दी का एक पहलू निकलता हो। लेकिन कोशिश कैसी भी हक़ीर[3] क्यों न हो, ज़िन्दगी या फ़न से फ़रार और शर्मसारी पर फ़ाइक़[4] है।

सेंट्रल जेल हैदराबाद (पाकिस्तान)
16 सितम्बर, 1952 ई.

—फ़ैज़

---

1. प्रकटीकरण, 2. श्रेष्ठ, महान, 3. तुच्छ, 4. उत्तम, बढ़िया।

नफ़्से-बादे-सबा मुश्कफ़िशाँ, ख़्वाहिद शुद।
आलमे-पीर दिगर बारह जवाँ ख़्वाहिद शुद।*

—**हाफ़िज़**

---

* सुबह की पूर्वा हवा का वजूद अत्यन्त सुगन्धित हो, ख़्वाहिश है।
बुढ़ापे की दुनिया अलग है जवानों का घेरा हो, ख़्वाहिश है।
हाफ़िज़—फ़ारसी का मशहूर शाइर।

दस्ते-सबा

क़तअ:

मता-ए-लौह-ओ-क़लम छिन गई तो क्या ग़म है

मता-ए-लौह-ओ-क़लम[1] छिन गई तो क्या ग़म है
के ख़ूने-दिल में डुबो ली हैं उँगलियाँ मैंने
ज़बाँ पे मुहर लगी है तो क्या के: रख दी है
हर एक हल्क़ा-ए-ज़ंजीर[2] में ज़बाँ मैंने

सितम्बर, 1952

---

1. लेखनी व तख़्ती की पूँजी, 2. ज़ंजीर की कड़ी।

ऐ दिले-बेताब, ठहर!

तीरगी[1] है कि उमँड़ती ही चली आती है
शब की रग-रग से लहू फूट रहा हो जैसे
चल रही है कुछ इस अन्दाज़ से नब्ज़े-हस्ती
दोनों आलम का नशा टूट रहा हो जैसे

रात का गर्म लहू और भी बह जाने दो
यही तारीकी तो है ग़ाज़ए-रुख़सारे-सहर[2]
सुबह होने ही को है, ऐ दिले-बेताब, ठहर

अभी ज़ंजीर छनकती है पसे-पर्दए-साज़[3]
मुतलक़-उल्-हुक्म[4] है शीराज़ए-असबाब[5] अभी
साग़रे-नाब[6] में आँसू भी ढलक जाते हैं
लग्ज़िशे-पा[7] में है पाबन्दि-ए-आदाब[8] अभी

---

1. अँधेरा, 2. प्रात:काल के गालों की लाली, 3. साज़ के पर्दे के पीछे, 4. निरंकुश, 5. कारणों का क्रम, 6. शराब का प्याला, 7. पैरों की लडख़ड़ाहट, 8. शिष्टता या व्यवस्था का प्रतिबन्ध।

अपने दीवानों को दीवाना तो बन लेने दो
अपने मयख़ानों को मयख़ाना तो बन लेने दो
जल्द ये सत्वते-असबाब[1] भी उठ जाएगी
ये गराँबारि-ए-आदाब[2] भी उठ जाएगी
ख़्वाह ज़ंजीर छनकती ही, छनकती ही रहे

1. कारणों की सत्ता, 2. व्यवस्था का बोझ।

कभी-कभी याद में उभरते हैं नक़्शे-माज़ी मिटे-मिटे-से

कभी-कभी याद में उभरते हैं नक़्शे-माज़ी मिटे-मिटे-से
वो आज़माइश दिलो-नज़र की, वो क़ुरबतें-सी, वो फ़ासले-से

कभी-कभी आरज़ू के सहरा में आके रुकते हैं, क़ाफ़िले-से
वो सारी बातें लगाव की-सी, वो सारे उनवाँ[1] विसाल के-से

निगाहो-दिल को क़रार कैसा, निशातो-ग़म[2] में कमी कहाँ की
वो जब मिले हैं तो उनसे हर ब़ार की है उल्फ़त नए सिरे से

बहुत गराँ है ये ऐज़्शे-तनहा कहीं सुबुकतर[3], कहीं गवारा
वो दर्दे-पिन्हाँ के: सारी दुनिया रफ़ीक़[4] थी जिसके वास्ते से

---

1. शीर्षक, 2. उल्लास और वेदना, 3. कोमलतर, 4. साथी।

तुम्हीं कहो रिन्दो-मुहतसिब[1] में है आज शब कौन फ़र्क़ ऐसा
ये आके बैठे हैं मयकदे में, वो उठ के आए हैं मयकदे से

1. शराब पीनेवाला और पीने से रोकनेवाला।

सियासी लीडर के नाम

सालहा-साल ये बे-आसरा, जकड़े हुए हाथ
रात के सख़्तो-सियह सीने में पैवस्त रहे
जिस तरह तिनका समन्दर से हो सरगर्मे-सितेज़[1]
जिस तरह तीतरी कुहसार[2] पे यलग़ार[3] करे
और अब रात के संगीनो-सियह सीने में
इतने घाव हैं कि जिस सिम्त नज़र जाती है
जा-ब-जा नूर ने इक़ जाल-सा बुन रक्खा है
दूर से सुब्ह की धड़कन की सदा आती है
तेरा सरमाय:, तिरी आस यही हाथ तो हैं
और कुछ भी तो नहीं पास, यही हाथ तो हैं
तुझको मंज़ूर नहीं गल्ब:-ए-ज़ुल्मत[4] लेकिन

---

1. संघर्षरत, 2. पहाड़, 3. हमला, 4. अँधेरे का प्रभुत्व।

तुझको मंज़ूर हैं ये हाथ क़लम हो जाएँ
और मशरिक़[1] की कमींगह[2] में धड़कता हुआ दिन
रात की आहनी मय्यत[3] के तले दब जाए!

---

1. पूरब, 2. शिकार की ताक में छिपकर बैठने की जगह, 3. लाश।

मिरे हमदम, मिरे दोस्त

गर मुझे इसका यक़ीं हो, मिरे हमदम, मिरे दोस्त
गर मुझे इसका यक़ीं हो कि तेरे दिल की थकन
तेरी आँखों की उदासी, तेरे सीने की जलन
मेरी दिलजोई, मिरे प्यार से मिट जाएगी
गर मिरा हर्फ़-तसल्ली वो दवा हो जिससे
जी उठे फिर तिरा उजड़ा हुआ बे-नूर दिमाग़
तेरी पेशानी से धुल जाएँ ये तज़लील[1] के दाग़
तेरी बीमार* जवानी को शफ़ा हो जाए
गर मुझे इसका यक़ीं हो, मिरे हमदम, मिरे दोस्त

रोज़ो-शब, शामो-सहर, मैं तुझे बहलाता रहूँ
मैं तुझे गीत सुनाता रहूँ हल्के, शीरीं

** 'दस्ते-सबा' के एक संस्करण में 'बीमार' शब्द के स्थान पर 'मदक़ूक़' (क्षयग्रस्त) शब्द का प्रयोग मिला है।*

1. अपमान।

आबशारों के, बहारों के, चमनज़ारों के गीत
आमदे-सुब्ह के, महताब के, सय्यारों[1] के गीत

तुझसे मैं हुस्नो-मुहब्बत की हिकायात[2] कहूँ
कैसे मग़रूर हसीनाओं के बर्फ़ाब[3] से जिस्म
गर्म हाथों की हरारत में पिघल जाते हैं
कैसे इक चेहरे के ठहरे हुए मानूस[4] नुक़ूश
देखते-देखते यकलख़्त बदल जाते हैं
किस तरह आरिज़े-महबूब का शफ़्फ़ाफ़ बिल्लूर[5]
यकबयक बादः-ए-अहमर[6] से दहक जाता है
कैसे गुलचीं के लिए झुकती है ख़ुद शाख़े-गुलाब
किस तरह रात का ऐवान[7] महक जाता है

यूँ ही गाता रहूँ, गाता रहूँ, तेरी ख़ातिर
गीत बुनता रहूँ, बैठा रहूँ, तेरी ख़ातिर
पर मिरे गीत तिरे दुख का मदावा[8] ही नहीं
नग़मः जर्राह नहीं, मूनिसो-ग़मख़्वार[9] सही
गीत नश्तर तो नहीं, मरहमे-आज़ार[10] सही
तेरे आज़ार का चारः नहीं नश्तर के सिवा
और यह सफ़्फ़ाक[11] मसीहा मिरे क़ब्ज़े में नहीं
इस जहाँ के किसी ज़ी-रूह[12] के क़ब्ज़े में नहीं
हाँ मगर तेरे सिवा, तेरे सिवा, तेरे सिवा

1. सितारों, 2. कहानियाँ, 3. ठंडे, 4. परिचित, 5. सुरा-पात्र, 6. लाल रंग की शराब, 7. महल, 8. इलाज, 9. दोस्त और दुख बँटानेवाला, 10. कष्ट को कम करनेवाला मरहम, 11. निर्मम, 12. प्राणी।

सुब्हे-आज़ादी

[अगस्त, '47]

ये दाग़-दाग़ उजाला, ये शबगज़ीदा[1] सहर
वो इन्तज़ार था जिसका, ये वो सहर तो नहीं

ये वो सहर तो नहीं जिसकी आरज़ू लेकर
चले थे यार के: मिल जाएगी कहीं न कहीं
फ़लक के दश्त में तारों की आख़िरी मंज़िल
कहीं तो होगा शबे-सुस्तमौज का साहिल
कहीं तो जाके रुकेगा सफ़ीनए-ग़मे-दिल

जवाँ लहू की पुर-असरार[2] शाहराहों से
चले जो यार तो दामन पे कितने हाथ पड़े
दयारे-हुस्न की बे-सब्र ख़्वाबगाहों से

1. रात की डसी हुई, 2. रहस्यमय।

पुकारती रहीं बाँहें, बदन बुलाते रहे
बहुत अज़ीज़ थी लेकिन रुख़े-सहर की लगन
बहुत क़रीं[1] था हसीनाने-नूर का दामन
सुबुक-सुबुक थी तमन्ना दबी-दबी थी थकन

सुना है हो भी चुका है फ़िराक़े-जुल्मतो-नूर[2]
सुना है हो भी चुका है विसाले-मंज़िलो-गाम[3]
बदल चुका है बहुत अह्ले-दर्द का दस्तूर
निशाते-वस्ल हलाल-ओ-अज़ाबे-हिज्र[4] हराम
जिगर की आग, नज़र की उमंग, दिल की जलन
किसी पे चार:ए-हिज्राँ[5] का कुछ असर ही नहीं
कहाँ से आई निगारे-सबा[6], किधर को गई
अभी चिराग़े-सरे-रह की कुछ ख़बर ही नहीं
अभी गरानी-ए-शब[7] में कमी नहीं आई
नजाते-दीद:-ओ-दिल[8] की घड़ी नहीं आई
चले चलो कि वह मंज़िल अभी नहीं आई

---

1. निकट, 2. अँधेरे और रोशनी का अलगाव, 3. मंज़िल और क़दम का मिलन, 4. विरह की मुसीबत, 5. विरह का समाधान, 6. प्रात:काल की सुखद हवा की सुन्दरी, 7. रात का भारीपन या उदासी, 8. आँख और दिल की मुक्ति।

लौह-ओ-क़लम

हम परवरिशे-लौह-ओ-क़लम करते रहेंगे
जो दिल पे गुज़रती है रक़म करते रहेंगे
असबाबे-ग़मे-इश्क़ बहम[1] करते रहेंगे
वीरानी-ए-दौराँ पे कदम करते रहेंगे
हाँ, तल्ख़ी-ए-अय्याम[2] अभी और बढ़ेगी
हाँ, अह्ले-सितम मश्क़े-सितम करते रहेंगे
मंज़ूर ये तल्ख़ी, ये सितम हमको गवारा
दम है तो मदावा-ए-अलम[3] करते रहेंगे
मयखान: सलामत है तो हम सुर्ख़ी-ए-मय से
तज़ईने-दरो-बामे-हरम[4] करते रहेंगे
बाक़ी है लहू दिल में तो हर अश्क से पैदा
रंगे-लबो-रुख़सारे-सनम करते रहेंगे
इक तर्ज़े-तग़ाफ़ुल है सो वो उनको मुबारक
इक अर्ज़े-तमन्ना है सो हम करते रहेंगे

---

1. एकत्र, 2. दिनों की कटुता, 3. दुख का इलाज, 4. मस्जिद के द्वार और छत की सजावट।

क़तअ:

न पूछ जब से तिरा इन्तज़ार कितना है

न पूछ जब से तिरा इन्तज़ार कितना है
कि जिन दिनों से मुझे तेरा इन्तज़ार नहीं
तिरा ही अक्स है उन अजनबी बहारों में
जो तेरे लब, तिरे बाज़ू, तेरा कनार[1] नहीं

जून, 1950

---

1. गोद।

क़तअ:

सबा के हाथ में नर्मी है उनके हाथों की

सबा के हाथ में नर्मी है उनके हाथों की
ठहर-ठहर के ये होता है आज दिल को गुमाँ
वो हाथ ढूँढ़ रहे हैं बिसाते-महफ़िल में
कि दिल के दाग कहाँ हैं, नशिस्ते-दर्द[1] कहाँ

---

1. पीड़ा का स्थान।

शोरिशे-बर्बतो-नै*

पहली आवाज़

अब सई[1] का इमकाँ और नहीं, परवाज़[2] का मज़मूँ हो भी चुका
तारों पे कमन्दें फेंक चुके, महताब पे शबख़ूँ[3] हो भी चुका
अब और किसी फ़र्दा[4] के लिए इन आँखों से क्या पैमाँ[5] क़ीजे
किस ख़्वाब के झूठे अफ़सूँ[6] से तस्कीने-दिले-नादाँ क़ीजे
शीरीनि-ए-लब, ख़ुशबू-ए-दहन, अब शौक़ का उन्वाँ कोई नहीं
शादाबि-ए-दिल, तफ़रीहे-नज़र, अब ज़ीस्त का दरमाँ कोई नहीं
जीने के फ़साने रहने दो, अब इनमें उलझकर क्या लेंगे
इक मौत का धन्दा बाक़ी है, जब चाहेंगे निबटा लेंगे
यह तेरा कफ़न, वह मेरा कफ़न, यह मेरी लहद, वह तेरी है

**बर्बत (सितार की तरह का एक बाजा) और बाँसुरी का विद्रोह।*

---

1. कोशिश, 2. उड़ान, 3. रात के समय हमला, 4. भविष्य, 5. वादा, 6. जादू।

दूसरी आवाज़

हस्ती की मताए'-बेपायाँ, जागीर तेरी है न मेरी है
इस बज़्म में अपनी मश्अ'ले-दिल, बिस्मिल है तो क्या रख़्शाँ है तो क्या
यह बज़्म चिराग़ाँ रहती है, इक ताक़ अगर वीराँ है तो क्या
अफ़सुर्दा हैं गर अय्याम तिरे, बदला नहीं मस्लके-शामो-सहर[1]
ठहरे नहीं मौसमे-गुल के क़दम, क़ायम है जमाले-शम्से-क़मर[2]
आबाद है वादिए-ए-काकुलो-लब[3], शादाबो-हसीं गुलश्ते-नज़र[4]
मक़्सूम[5] है लज़्जते-दर्दे-जिगर, मौजूद है ने'मते-दीदए-सर
इस दीदए-तर का शुक्र करो, इस ज़ौक़े-नज़र का शुक्र करो
इस शामो-सहर का शुक्र करो, इन शम्सो-क़मर का शुक्र करो

---

1. शाम और सुबह का रास्ता (क्रम), 2. सूरज और चाँद की सुन्दरता, 3. लटों और होंठों की घाटी, 4. नज़र का बाग़ में टहलना, 5. बँटी हुई।

पहली आवाज़

ग़र है यही मस्लके-शम्सो-क़मर, इन शम्सो-क़मर का क्या होगा
रा'नाइ-ए-शब का क्या होगा, अन्दाज़े-सहर का क्या होगा
जब ख़ूने-जिगर बर्फ़ाब बना, जब आँखें आहनपोश हुईं
इस दीदए-तर का क्या होगा, इस ज़ौक़े-नज़र का क्या होगा
जब शे'र के ख़ेमे राख हुए, नग़्मों की तनाबें टूट गईं
ये साज़ कहाँ सर फोड़ेंगे, इस किल्के-गुहार[1] का क्या होगा
जब कुंजे-क़फ़स मस्कन[2] ठहरा, और जैबो-गरेबाँ तौक़ो-रसन[3]
आए कि न आए मौसमे-गुल, इस दर्दे-जिगर का क्या होगा

---

1. मोती बिखरनेवाला क़दम, 2. रहने की जगह, 3. गले का फन्दा।

दूसरी आवाज़

ये हाथ सलामत हैं जब तक, इस ख़ूँ में हरारत है जब तक
इस दिल में सदाक़त[1] है जब तक, इस नुत्क़[2] में ताक़त है जब तक
इन तौक़ो-सलासिल को हम तुम सिखलाएँगे शोरिशे-बर्बतो-नै[3]
वो शोरिश जिसके आगे जुबूँ[4] हंगामए-तब्ले-क़ैसरो-कै[5]
आज़ाद हैं अपने फ़िक्रो-अमल, भरपूर ख़ज़ीना[6] हिम्मत का
इक उम्र है अपनी हर साअज्त इमरोज़ है अपना हर फ़र्दा
ये शामो-सहर, ये शम्सो-कमर, ये अख़्तरो-कौकब[7] अपने हैं
यह लौहो-क़लम, ये तब्लो-अ'लम[8], ये मालो-हशम[9] सब अपने हैं

---

1. सच्चाई, 2. वाणी, 3. नै=बाँसुरी, 4. तुच्छ, 5. रोम के बादशाह क़ैसर और ईरान के कैख़ुसरो के नक़्क़ारों का शोर, 6. भंडार, 7. सितारे, 8. डंका और झंडा, 9. सम्पत्ति और नौकर-चाकर।

दामने-यूसुफ़

जान बेचने को आए तो बे-दाम बेच दी
ऐ अह्ले-मिस्त्र, वज़ए'-तकल्लुफ़[1] तो देखिए
इनसाफ़ है कि हुक्मे-अ'क़ूबत[2] से पेशतर
इक बार सू-ए-दामने-यूसुफ़ तो देखिए

1. तकल्लुफ़ का अन्दाज़, 2. यातना का हुक्म।

क़तअ:

फिर हश्र के सामाँ हुए ऐवान-ए-हवस में

फिर हश्र के सामाँ हुए ऐवान-ए-हवस[1] में
बैठे हैं ज़विल-अद्ल[2], गुनहगार खड़े हैं
हाँ, जुर्मे-वफ़ा देखिए किस-किस पे है साबित
वो: सारे ख़ताकार सरे-दार[3] खड़े हैं

मई, 1951

1. हवस का महल, 2. न्याय करनेवाले, 3. फाँसी के तख़्ते पर।

तौक़ो-दार का मौसम

रविश-रविश है वही इन्तज़ार का मौसम
नहीं है कोई भी मौसम, बहार का मौसम

गराँ है दिल पे ग़मे-रोज़गार का मौसम
है आज़माइशे-हुस्ने-निगार[1] का मौसम

ख़ुशा[2] नज़ारा-ए-रुख़सारे-यार की साअ'त
ख़ुशा क़रारे-दिले-बेक़रार का मौसम

हदीसे-बाद:-ओ-साक़ी[3] नहीं तो किस मसरफ़
ख़िरामे-अब्रे-सरे-कोहसार[4] का मौसम

---

1. प्रेमिका के सौन्दर्य की परीक्षा, 2. धन्य है, 3. शराब और साक़ी का ज़िक्र, 4. पहाड़ पर बादलों का चलना।

नसीब सुहबते-याराँ नहीं तो क्या कीजे
यह रक़्से-साय:-ए-सर्वो-चिनार[1] का मौसम

ये दिल के दाग़ तो दुखते थे यूँ भी पर कम-कम
कुछ अब के और है हिज्राने-यार का मौसम

यही जुनूँ का, यही तौक़ो-दार[2] का मौसम
यही है जब्र, यही इख़्तियार का मौसम

क़फ़स है बस में तुम्हारे, तुम्हारे बस में नहीं
चमन में आतिशे-गुल के निखार का मौसम

सबा की मस्तख़िरामी तहे-कमन्द[3] नहीं
असीरे-दाम[4] नहीं है बहार का मौसम

बला से हमने न देखा तो और देखेंगे
फरोग़े-गुलशनो-सौते-हज़ार[5] का मौसम

---

1. सर्व और चिनार के पेड़ों की परछाइयों का नाचना, 2. गले का फन्दा और फाँसी, 3. फन्दे में, 4. ज़ाल में फँसा हुआ, 5. हज़ार आवाज़ों और बग़ीचों की शोभा या उन्नति।

क़तअ:

तेरा जमाल निगाहों में ले के उट्ठा हूँ

तेरा जमाल निगाहों में ले के उट्ठा हूँ
निखर गई है फ़ज़ा तेरे पैरहन[1] की-सी
नसीम तेरे शबिस्ता[2] से होके आई है
मेरी सहर में महक है तेरे बदन की-सी

जून, 1951

---

1. लिबास, 2. रैन-बसेरा।

सरे-मक़तल
[क़व्वाली]

कहाँ है मंज़िले-राहे-तमन्ना हम भी देखेंगे
ये शब हम पर भी गुज़रेगी, ये फ़र्दा हम भी देखेंगे
ठहर ऐ दिल, जमाले-रू-ए-ज़ेबा[1] हम भी देखेंगे

ज़रा सैक़ल[2] तो हो ले तश्नगी बाद:गुसारों की
दबा रक्खेंगे कब तक जोशे-सहबा, हम भी देखेंगे
उठा रक्खेंगे कब तक जामो-मीना, हम भी देखेंगे

सला[3] आ तो चुके महफ़िल में उस कू-ए-मलामत[4] से
किसे रोकेगा शोरे-पन्दे-बेजा[5] हम भी देखेंगे
किसे है जाके लौट आने का यारा, हम भी देखेंगे

---

1. सुन्दर मुखड़े का रूप, 2. तेज़, धारदार, 3. आवाज़, 4. निन्दा की गली, 5. अनुचित उपदेश का शोर।

चले हैं जानो-ईमाँ आज़माने आज दिलवाले
वो आएँ लश्करे-अग़यारो-आ'दा[1], हम भी देखेंगे
वो आएँ तो सरे-मक़तल[2], तमाशा हम भी देखेंगे

ये शब की आख़िरी साअ'त गराँ कैसी भी हो हरदम
जो इस साअ'त में पिन्हाँ है उजाला, हम भी देखेंगे
जो फ़र्क़े-सुब्ह[3] पर चमकेगा तारा, हम भी देखेंगे

1. दुश्मन की फ़ौज, 2. क़त्ल करने की जगह पर, 3. सुबह का माथा।

तुम आए हो न शबे-इन्तज़ार गुज़री है

तुम आए हो न शबे-इन्तज़ार गुज़री है
तलाश में है सहर, बार-बार गुज़री है

जुनूँ में जितनी भी गुज़री, ब-कार गुज़री है
अगरचे दिल पे ख़राबी हज़ार गुज़री है

हुई है हज़रते-नासेह से गुफ़्तगू जिस शब
वो शब ज़रूर सरे-कू-ए-यार[1] गुज़री है

वो बात सारे फ़साने में जिसका ज़िक्र न था
वो बात उनको बहुत नागवार गुज़री है

1. यार की गली में।

न गुल खिले हैं, न उनसे मिले, न मय पी है
अजीब रंग में अब के बहार गुज़री है

चमन पे ग़ारते-गुलचीं[1] से जाने क्या गुज़री
क़फ़स से आज सबा बेक़रार गुज़री है

1. फूल चुननेवाली की लाई हुई तबाही।

तुम्हारी याद के जब ज़ख़्म भरने लगते हैं

तुम्हारी याद के जब ज़ख़्म भरने लगते हैं
किसी बहाने तुम्हें याद करने लगते हैं

हदीसे-यार के उनवाँ निख़रने लगते हैं
तो हर हरीम[1] में गेसू सँवरने लगते हैं

हर अजनबी हमें महरम[2] दिखाई देता है
जो अब भी तेरी गली से गुज़रने लगते हैं

सबा से करते हैं गुर्बत-नसीब[3] ज़िक्रे-वतन
तो चश्मे-सुब्ह में आँसू उभरने लगते हैं

---

1. घर, 2. परिचित, 3. परदेसी।

वो जब भी करते हैं इस नुत्क़ो-लब[1] की बख़िय:गरी
फ़ज़ा में और भी नग़मे बिखरने लगते हैं

दरे-क़फ़स[2] पे अँधेरे की मुह्र लगती है
तो 'फ़ैज़' दिल में सितारे उतरने लगते हैं

---

1. वाणी और होंठ, 2. कारागार का द्वार।

क़तअ:

हमारे दम से है क़ू-ए-जुनूँ में अब भी ख़जल

हमारे दम से है कू-ए-जुनूँ[1] में अब भी ख़जल[2]
अबा-ए-शेख़-ओ-क़बा-ए-अमीर-ओ-ताज-ए-शही[3]
हमीं से सुन्नते-मंसूरो-क़ैस[4] ज़िन्दा है
हमीं से बाक़ी है गुलदामनी-ओ-कजकुलही[5]

नवम्बर, 1951

---

1. जुनून की गली, 2. लज्जित, 3. उपदेशकों का चोला, धनवानों का अँगरखा, राजाओं का मुकुट, 4. मंसूर और मजनूँ की परम्परा, 5. समृद्धि और बाँकपन।

शफ़क़ की राख में जल-बुझ गया सितार:-ए-शाम

शफ़क़[1] की राख में जल-बुझ गया सितार:-ए-शाम,
शबे-फ़िराक़[2] के गेसू फ़ज़ा में लहराए

कोई पुकारो कि इक उम्र होने आई है
फ़लक को क़ाफ़िल:-ए-रोज़ो-शाम[3] ठहराए

ये ज़िद है यादे-हरीफ़ाने-बाद: पैमाँ[4] की
के: शब को चाँद न निकले, न दिन को अब्र आए

सबा ने फिर दरे-ज़िन्दाँ पे आ के दी दस्तक
सहर क़रीब है, दिल से कहो न घबराए

1. सूर्यास्त, 2. विरह की रात, 3. दिन और रात का क्रम, 4. शराब पीनेवालों के प्रतिद्वन्द्वी।

...तुम्हारे हुस्न के नाम

सलाम लिखता है शाइर तुम्हारे हुस्न के नाम

बिखर गया जो कभी रंगे-पैरहन[1] सरे-बाम[2]
निखर गई है कभी सुब्ह, दोपहर, कभी शाम
कहीं जो क़ामते-ज़ेबा[3] पे सज गई है क़बा[4]
चमन में सर्वो-सनोबर सँवर गए हैं तमाम
बनी बिसाते-ग़ज़ल जब डुबो लिये दिल ने
तुम्हारे साय:-ए-रुख़सारो-लब[5] में साग़रो-जाम
सलाम लिखता है शाइर तुम्हारे हुस्न के नाम

1. वस्त्रों का रंग, 2. अटारी पर, 3. आकर्षक क़द, 4. चोग़ा, 5. गाल और होंठ की परछाईं।

तुम्हारे हाथ पे है ताबिशे-हिना[1] जब तक
जहाँ पे बाक़ी है दिलदारी-ए-उरूसे-सुख़न[2]
तुम्हारा हुस्न जवाँ है तो मेह्रबाँ है फ़लक
तुम्हारा दम है तो दमसाज़[3] है हवा-ए-वतन
अगरचे तंग हैं औकात, सख़्त हैं आलाम
तुम्हारी याद से शीरीं है तल्ख़ी-ए-अय्याम[4]
सलाम लिखता है शाइर तुम्हारे हुस्न के नाम

---

1. मेहँदी की दमक, 2. कविता की दुलहन की रसिकता, 3. मित्र, समर्थक, 4. जीवन की कटुता।

तराना

दरबारे-वतन में जब इक दिन सब जानेवाले जाएँगे
कुछ अपनी सज़ा को पहुँचेंगे, कुछ अपनी जज़ा[1] ले जाएँगे

ऐ ख़ाकनशीनो, उठ बैठो, वह वक़्त क़रीब आ पहुँचा है
जब तख़्त गिराए जाएँगे, जब ताज उछाले जाएँगे

अब टूट गिरेंगी ज़ंजीरें, अब ज़िन्दानों[2] की ख़ैर नहीं
जो दरिया झूम के उट्ठे हैं, तिनकों से न टाले जाएँगे

कटते भी चलो, बढ़ते भी चलो, बाज़ू भी बहुत हैं सर भी बहुत
चलते भी चलो के: अब डेरे मंज़िल ही पे डाले जाएँगे

ऐ ज़ुल्म के मातो, लब खोलो, चुप रहनेवालो, चुप कब तक
कुछ हश्र तो उनसे उट्ठेगा, कुछ दूर तो ना'ले[3] जाएँगे

---

1. पुरस्कार, 2. जेलखानों, 3. शोर।

इ'ज्ज़े-अह्ले-सितम की बात करो

इ'ज्ज़े-अह्ले-सितम[1] की बात करो
इ'श्क़ के दम-क़दम की बात करो

बज़्मे-अह्ले-तरब[2] को शरमाओ
बज़्मे-असहाबे-ग़म[3] की बात करो

बज़्मे-सरवत[4] के खुशनसीबों से
अज़्मते-चश्मे-नम[5] की बात करो

है वही बात यूँ भी और यूँ भी
तुम सितम या करम की बात करो

1. अत्याचार करनेवालों की बेकसी, 2. सुखी लोग, 3. दुखी लोगों की दुनिया, 4. समृद्धि की महफ़िल, 5. भीगी आँखों की महानता।

ख़ैर, हैं अह्ले-दैर जैसे हैं
आप अह्ले-हरम की बात करो

हिज्र की शब तो कट ही जाएगी
रोज़े-वस्ले-सनम[1] की बात करो

जान जाएँगे जानने वाले
'फ़ैज़' फ़रहादो-जम[2] की बात करो

1. प्रिय मिलन का दिन, 2. फ़रहाद और बादशाह जमशेद।

नज़्रे-सौदा[1]

फ़िक्रे-दिलदारी-ए-गुलज़ार[2] करूँ या न करूँ
ज़िक्रे-मुर्ग़ाने-गिरफ़्तार[3] करूँ या न करूँ

क़िस्स:-ए-साज़िशे-अग़यार कहूँ या न कहूँ
शिकव:-ए-यारे-तरहदार करूँ या न करूँ

जाने क्या वज़्अ' है अब रस्मे-वफ़ा की ऐ दिल
वज़्ए'-दैरीना[4] पे इसरार[5] करूँ या न करूँ

जाने किस रंग में तफ़सीर[6] करें अह्ले-हवस
मदहे-ज़ुल्फ़ो-लबो-रुख़सार[7] करूँ या न करूँ

---

1. सौदा के प्रति, 2. चमन के आकर्षण की चिन्ता, 3. पिंजरे में बन्द पंछियों की चर्चा, 4. पुरानी पद्धति, 5. आग्रह, 6. व्याख्या, 7. बालों, होंठों और गालों की प्रशंसा।

यूँ बहार आई है इमसाल कि गुलशन में सबा
पूछती है गुज़र इस बार करूँ या न करूँ

गोया इस सोच में है दिल में लहू भर के गुलाब
दामनो-जेब को गुलनार करूँ या न करूँ

है फ़क़त मुर्ग़े-ग़ज़लख़्वाँ[1] कि जिसे फ़िक्र नहीं
मो'तदिल[2] गर्मी-ए-गुफ़्तार करूँ या न करूँ

1. गाता हुआ पंछी, 2. जिसमें गर्मी-सर्दी बराबर हो, सन्तुलित।

दो इ'श्क़

[1]

ताज: हैं अभी याद में ऐ साक़ी-ए-गुलफ़ाम[1]
वो अक्से-रुख़े-यार से लहके हुए अय्याम[2]
वो फूल-सी-खिलती हुई दीदार की साअत
वो दिल-सा धड़कता हुआ उम्मीद का हंगाम

उम्मीद के: लो जागा ग़मे-दिल का नसीबा
तो शौक की तरसी हुई शब हो गई आख़र
लो डूब गए दर्द के बेख़्वाब सितारे
अब चमकेगा बे-सब्र निगाहों का मुकद्दर

इस बाम से निकलेगा तिरे हुस्न का ख़ुरशीद[3]
उस कुंज से फूटेगी किरन रंगे-हिना की

---

1. फूल-जैसा साक़ी, 2. दिन, 3. सूरज।

इस दर से बहेगा तिरी रफ़्तार का सीमाब[1]
उस राह पे फूलेगी शफ़क़[2] तेरी क़बा की

फिर देखे हैं वो हिज्र के: तपते हुए दिन भी
जब फ़िक्रे-दिलो-जाँ में फ़ुग़ाँ[3] भूल गई है
हर शब वो सियह बोझ के: दिल बैठ गया है
हर सुब्ह की लौ तीर-सी सीने में लगी है

तनहाई में क्या-क्या न तुझे याद किया है
क्या-क्या न दिले-ज़ार ने ढूँढ़ी हैं पनाहें
आँखों से लगाया है कभी दस्ते-सबा को
डाली हैं कभी गर्दने-महताब में बाँहें

---

1. पारा, 2. सूर्यास्त की लाली, 3. विलाप।

[2]

चाहा है उसी रंग में लैला-ए-वतन को
तड़पा है उसी तौर से दिल उसकी लगन में
ढूँढ़ी है यूँ ही शौक़ ने आसाइशे-मंज़िल[1]
रुख़सार के ख़म में कभी काकुल[2] की शिकन में

इस जाने-जहाँ को भी यूँ ही क़ल्बो-नज़र[3] ने
हँस-हँस के सदा दी, कभी रो-रो के पुकारा
पूरे किए सब हर्फ़े-तमन्ना के तक़ाज़े
हर दर्द को उजियाला, हर इक ग़म को सँवारा

वापस नहीं फेरा कोई फ़रमान जुनूँ का
तनहा नहीं लौटी कभी आवाज़ जरस[4] की
ख़ैरीयते-जाँ, राहते-तन[5], सेहते-दामाँ[6]
सच भूल गईं मसलहतें अह्ले-हवस की

---

1. मंज़िल का सहारा, 2. केश, 3. हृदय और दृष्टि, 4. घंटा, 5. शरीर का सुख, 6. दामन का सुरक्षित रहना।

इस राह में जो सब पे गुज़रती है वो गुज़री
तहना पसे-ज़िन्दाँ कभी रुस्वा[1] सरे-बाज़ार
गरजे हैं बहुत शैख़ सरे-गोश:-ए-मिम्बर[2]
कड़के हैं बहुत अहले-हकम[3] बर-सरे-दरबार[4]

छोड़ा नहीं ग़ैरों ने कोई नावके-दुश्नाम[5]
छूटी नहीं अपनों से कोई तर्ज़े-मलामत[6]
इस इ'श्क़ न उस इ'श्क़ पे नादिम[7] है मगर दिल
हर दाग़ है इस दिल में ब-जुज़ दाग़े-नदामत[8]

---

1. बदनाम, 2. मंच पर से, 3. अधिकारी, 4. दरबार में, 5. गाली का तीर, 6. निन्दा का ढंग, 7. लज्जित, 8. लज्जा का कलंक।

गरानी-ए-शबे-हिज्राँ दुचन्द क्या करते

गरानी-ए-शबे-हिज्राँ[1] दुचन्द[2] क्या करते
इज़्लाजे-दर्द तिरे दर्दमन्द क्या करते

वहीं लगी है जो नाज़ुक मुक़ाम थे दिल के
ये फ़र्क़ दस्ते-अ'दू के गज़न्द[3] क्या करते

जगह-जगह पे थे नासेह तो कू-ब-कू दिलबर
इन्हें पसन्द, उन्हें नापसन्द क्या करते

हमीं ने रोक लिया पंज:-ए-जुनूँ वरना
हमें असीर ये कोत:कमन्द क्या करते

---

1. विरह की रात का बोझ, 2. दुगुना, 3. भाला।

जिन्हें ख़बर थी कि शर्ते-नवागरी[1] क्या है
वो ख़ुशनवा गिलः-ए-क़ैदो-बन्द क्या करते

गुलू-ए-इ'श्क़ को दारो-रसन[2] पहुँच न सके
तो लौट आए तिरे सरबलन्द[3], क्या करते

1. गाने की शर्त, 2. फाँसी का फन्दा, 3. स्वाभिमानी।

वहीं है, दिल के क़राइन् तमाम कहते हैं

वहीं है, दिल के क़राइन्[1] तमाम कहते हैं
वो इक ख़लिश कि जिसे तेरा नाम कहते हैं

तुम आ रहे हो कि बजती हैं मेरी ज़ंजीरें
न जाने क्या मिरे दीवारो-बाम कहते हैं

यही कनारे-फ़लक[2] का सियहतरीं गोशा
यही है मत्लए'-माहे-तमाम[3] कहते हैं

पियो कि मुफ़्त लगा दी है ख़ूने-दिल की क़शीद
गराँ है अब के मये-लालफ़ाम कहते हैं

---

1. निकट, 2. आसमान की गोद, 3. पूरे चाँद की पृष्ठभूमि।

फ़क़ीहे-शह्र[1] से मय का जवाज़ क्या पूछें
के: चाँदनी को भी हज़रत हराम कहते हैं

नवा-ए-मुर्ग़[2] को कहते हैं अब ज़ियाने-चमन[3]
खिले न फूल इसे इन्तज़ाम कहते हैं

कहो तो हम भी चलें 'फ़ैज़' अब नहीं सरे-दार
वो फ़र्क़े-मर्तब:ए-खासो-आम कहते हैं

---

1. शहर में धर्मशास्त्र का ज्ञाता, 2. चिड़ियों का गाना, 3. बाग़ की क्षति।

रंग पैराहन का, ख़शबू ज़ुल्फ़ लहराने का नाम

रंग पैराहन का, ख़शबू ज़ुल्फ़ लहराने का नाम
मौसमे-गुल है तुम्हारे बाम पर आने का नाम

दोस्तो उस चश्मो-लब की कुछ कहो जिसके बग़ैर
गुलसिताँ की बात रंगीं है न मयख़ाने का नाम

फिर नज़र में फूल महके, दिल में फिर शम्एँ जलीं
फिर तसव्वुर ने लिया उस बज़्म में जाने का नाम

[2]

दिलबरी ठहरा ज़बाने-ख़ल्क़[1] खुलवाने का नाम
अब नहीं लेते परी-रू[2] ज़ुल्फ़ बिखराने का नाम

---

1. दुनिया की ज़बान, 2. परियों-जैसे चेहरेवाले।

अब किसी लैला को भी इक़रारे-महबूबी नहीं
इन दिनों बदनाम है हर एक दीवाने का नाम

मुहतसिब की ख़ैर, ऊँचा है उसी के फ़ैज़ से
रिन्द का, साक़ी का, मय का, खुम का, पैमाने का नाम

हम से कहते हैं चमन वाले, ग़रीबाने-चमन[1]
तुम कोई अच्छा-सा रख लो अपने वीराने का नाम

'फ़ैज़' उनको है तक़ाज़ा-ए-वफ़ा हम से जिन्हें
आशना के नाम से प्यारा है बेगाने का नाम

---

1. जो चमन से बाहर चले गए।

नौहा[1]

मुझको शिकवा है मिरे भाई के: तुम जाते हुए
ले गए साथ मिरी उम्रे-गुज़िश्ता[2] की किताब
उसमें तो मेरी बहुत क़ीमती तसवीरें थीं
उसमें बचपन था मिरा और मिरा अह्‌ले-शबाब[3]
उसके बदले मुझे तुम दे गए जाते-जाते
अपने ग़म का ये दकहता हुआ ख़ूँ-रंग गुलाब
क्या करूँ भाई ये: ए'ज़ाज़[4] मैं क्यूँकर पहनूँ
मुझसे ले लो मेरी सब चाक[5] क़मीज़ों का हिसाब
आख़िरी बार है, लो मान लो इक ये भी सवाल
आज तक तुमसे मैं लौटा नहीं मायूसे-जवाब[6]
आ के ले जाओ तुम अपना ये दहकता हुआ फूल
मुझको लौटा दो मेरी उम्रे-गुज़िश्ता की किताब

18 जुलाई, 1952

---

1. शोक-गीत, 2. बीती हुई उम्र, 3. जवानी का युग, 4. सम्मान, 5. फटी हुई, 6. उत्तर से निराश।

ईरानी तुलबा के नाम

[जो अम्न और आज़ादी की जद्दो-जह्द में काम आए]

"यह कौन सख़ी[1] है
जिनके लहू की
अशरफ़ियाँ छन्-छन्, छन्-छन्,
धरती के पैहम[2] प्यासे
कशकोल[3] में ढलती जाती हैं
कशकोल को भरती जाती हैं

"ये कौन जवाँ हैं, अर्ज़े-अज़म[4]
ये लखलुट
जिनके जिस्मों की
भरपूर जवानी का कुन्दन
यूँ ख़ाक में रेज़ा-रेज़ा है

---

1. दानी, 2. निरन्तर, 3. भिक्षापात्र, 4. ईरान की धरती।

यूँ कूचा-कूचा बिखरा है
ऐ अर्ज़े-अजम, ऐ अर्ज़े-अज़म,
क्यों नोच के हँस-हँस फेंक दिए
इन आँखों ने अपने नीलम
इन होंठों ने अपने मर्जां[1]
इन हाथों की 'बेकल चाँदी
किस काम आई, किस हाथ लगी?'"

"ऐ पूछनेवाले परदेसी!
ये तिफ़्लो-जवाँ[2]
उस नूर के नौरस[3] मोती हैं
उस आग की कच्ची कलियाँ हैं
जिस मीठे नूर और कड़वी आग
से ज़ुल्म की अन्धी रात में फूटा
सुब्हे-बग़ावत का गुलशन
और सुब्ह हुई मन-मन, तन-तन,

"इन ज़िस्मों का चाँदी-सोना
इन चेहरों के नीलम-मर्जां,
जगमग-जगमग, रख़्शाँ-रख़्शाँ,[4]
जो देखना चाहे परदेसी
पास आए देखे जी भरकर
यह ज़ीस्त[5] की रानी का झूमर
यह अम्न की देवी का कंगन!"

---

1. मूँगे, 2. बच्चे और युवक, 3. नए, 4. दमकते हुए, 5. ज़िन्दगी।

दिल में अब यूँ तिरे भूले हुए ग़म आते हैं

दिल में अब यूँ तिरे भूले हुए ग़म आते हैं
जैसे बिछुड़े हुए का'बे में सनम[1] आते हैं

एक-इक करके हुए जाते हैं तारे रौशन
मेरी मंज़िल की तरफ़ तेरे क़दम आते हैं

रक़्से-मय[2] तेज़ करो साज़ की लय तेज़ करो
सू-ए-मयख़ान:[3] सफ़ीराने-हरम[4] आते हैं

कुछ हमीं को नहीं एहसान उठाने का दिमाग़
वो तो जब आते हैं माइल-ब-करम[5] आते हैं

और कुछ देर न गुज़रे शबे-फ़ुरक़त[6] से कहो
दिल भी कम दुखता है, वो याद भी कम आते हैं

---

1. मूर्तियाँ, 2. मदिरा का नृत्य, 3. मयख़ाने की तरफ़, 4. मस्जिद के दूत, 5. कृपा करने को तैयार, 6. विरह की रात।

अगस्त, 1952

रौशन कहीं बहार के इमकाँ हुए तो हैं
गुलशन में चाक चन्द गरेबाँ हुए तो हैं

अब भी ख़िजाँ का राज है लेकिन कहीं-कहीं
गोशे-रहे-चमन में ग़ज़लख़्वाँ हुए तो हैं

ठहरी हुई है शब की सियाही वहीं मगर
कुछ-कुछ सहर के रंग पर अफ़शाँ[1] हुए तो हैं

उनमें लहू जला हो हमारा के: जानो-दिल
महफ़िल में कुछ चिराग़ फ़रोज़ाँ[2] हुए तो हैं

---

1. उजागर, 2. प्रकाशमान।

हाँ कज[1] करो कुलाह के: सब-कुछ लुटाके हम
अब बेनियाज़े-गर्दिशे-दौराँ[2] हुए तो हैं

अहले-क़फ़स की सुब्हे-चमन में खुलेगी आँख
बादे-सबा से वा'द:-ओ-पैमाँ हुए तो हैं

है दश्त अब भी दश्त मगर ख़ूने-पा से 'फ़ैज़'
सैराब चन्द ख़ारे-मुग़ीलाँ[3] हुए तो हैं

---

1. टेढ़ी, 2. समय की गति के प्रति उदासीन, 3. बबूल के काँटे।

निसार मैं तिरी गलियों के*...

निसार मैं तिरी गलियों के ऐ वतन, कि जहाँ
चली है रस्म के: कोई न सर उठा के चले
जो कोई चाहनेवाला तवाफ़[1] को निकले
नज़र चुरा के चले जिस्मो-जाँ बचा के चले

है अह्ले-दिल के लिए अब ये नज़्मे-बस्तो-कुशाद[2]
कि संगो-ख़िश्त[3] मुक़य्यद[4] हैं और सग[5] आज़ाद

बहुत है ज़ुल्म के दस्ते-बहान:जू[6] के लिए
जो चन्द अह्ले-जुनूँ तेरे नामलेवा हैं

---

* पाठांतर : निसार मैं तिरी गलियों पे (शीशों का मसीहा : सं. अली सरदार जाफ़री)।

1. परिक्रमा, 2. बँधने और खुलने की व्यवस्था, 3. पत्थर और ईंट, 4. क़ैद, 5. कुत्ते, 6. बहाना ढूँढ़नेवाले हाथ।

बने हैं अह्ले-हवस, मुद्दई भी, मुंसिफ़ भी
किसे वकील करें, किससे मुंसिफ़ी चाहें

मगर गुज़ारनेवालों के दिन गुज़रते हैं
तिरे फ़िराक़ में यूँ सुब्हो-शाम करते हैं

बुझा जो रौज़ने-ज़िन्दाँ तो दिल ये समझा है
कि तेरी माँग सितारों से भर गई होगी
चमक उठे हैं सलासिल[1] तो हमने जाना है
कि अब सहर तिरे रुख पर बिखर गई होगी

ग़रज़ तसव्वुरे-शामो-सहर में जीते हैं
गिरफ़्ते-साय:-ए-दीवारो-दर में जीते हैं

यूँ ही हमेशा उलझती रही है ज़ुल्म से ख़ल्क़
न उनकी रस्म नई है, न अपनी रीत नई
यूँ ही हमेशा खिलाए हैं हमने आग में फूल
न उनकी हार नई है, न अपनी जीत नई

इसी सबब से फ़लक़ का गिल: नहीं करते
तिरे फ़िराक़ में हम दिल बुरा नहीं करते

गर आज तुझसे जुदा हैं तो कल बहम[2] होंगे
ये रात-भर की जुदाई तो कोई बात नहीं

---

1. ज़ंजीरें, 2. साथ।

गर आज औज[1] पे है ताल:-ए-रक़ीब[2] तो क्या
ये चार दिन की ख़ुदाई तो कोई बात नहीं

जो तुझसे अह्ले-वफ़ा उस्तवार[3] रखते हैं
इलाजे-गर्दिशे-लैलो-निहार[4] रखते हैं

---

1. शिखर, 2. प्रतिद्वन्द्वी का भाग्य, 3. पक्का, 4. रात और दिन के क्रम का इलाज।

अब वही हर्फ़े-जुनूँ सबकी ज़बाँ ठहरी है

अब वही हर्फ़े-जुनूँ[1] सबकी ज़बाँ ठहरी है
जो भी चल निकली है, वो बात कहाँ ठहरी है

आज तक शैख़ के इकराम[2] में जो शै थी हराम
अब वही दुश्मने'-दीं[3] राहते-जाँ[4] ठहरी है

है ख़बर गर्म कि फिरता है गुरेज़ाँ[5] नासेह
गुफ़्तगू आज सरे-कू-ए-बुताँ[6] ठहरी है

है वही आरिज़े-लैला[7] वही शीरीं का दहन[8]
निगाहे-शौक़ घड़ी-भर को जहाँ ठहरी है

---

1. उन्माद का शब्द, 2. अनुकम्पा, कृपादृष्टि, 3. दीन-धर्म की दुश्मन, 4. प्राणों को सुख देनेवाली, 5. भागा-भागा, 6. हसीनों की गली में, 7. लैला के गाल, 8. मुँह।

वस्ल की शब थी तो किस दर्ज: सुबुक[1] गुज़री थी
हिज्र की शब है तो क्या सख़्त गराँ ठहरी है

बिखरी इक बार तो हाथ आई है कब मौजे-शमीम
दिल से निकली है तो कब लब पे फ़ुग़ाँ ठहरी है

दस्ते-सैयाद[2] भी आजिज़ है, कफ़े-गुलचीं[3] भी
बू-ए-गुल ठहरी न बुलबुल की ज़बाँ ठहरी है

आते-आते यूँ ही दम-भर को रुकी होगी बहार
जाते-जाते यूँ ही पल-भर को ख़िज़ाँ ठहरी है

हमने जो तर्ज़े-फ़ुग़ाँ की है क़फ़स में ईजाद
'फ़ैज़' गुलशन में वही तर्ज़े-बयाँ ठहरी है

---

1. हल्की, 2. शिकारी का हाथ, 3. फूल चुननेवाली का हाथ।

शीशों का मसीहा कोई नहीं

मोती हो के: शीश: जाम कि दुर[1]
जो टूट गया, सो टूट गया
कब अश्कों[2] से जुड़ सकता है
जो टूट गया, सो छूट गया

तुम नाहक़ टुकड़े चुन-चुनकर
दामन में छुपाए बैठे हो
शीशों का मसीहा कोई नहीं
क्या आस लगाए बैठे हो

शायद कि इन्हीं टुकड़ों में कहीं
वो साग़रे-दिल है, जिसमें कभी

1. रत्न, 2. आँसुओं।

सद[1] नाज़ से उतरा करती थी
सहबा-ए-ग़मे-जानाँ[2] की परी

फिर दुनियावालों ने तुमसे
यह साग़र ले के फोड़ दिया,
जो मय थी बहा दी मिट्टी में
मेहमान का शहपर[3] तोड़ दिया

ये रंगीं रेज़े[4] हैं शायद
उन शोख़ बिलूरी सपनों के
तुम मस्त जवानी में जिनसे
ख़िल्वत[5] को सजाया करते थे

नादारी, दफ़्तर, भूख और ग़म
इन सपनों से टकराते रहे
बेरह्म था चौमुख पथराव
ये काँच के ढाँचे क्या करते

या शायद इन ज़र्रों में कहीं
मोती है तुम्हारी इज़्ज़त का
वह जिससे तुम्हारे इज्ज़[6] पे भी
शमशादक़दों[7] ने नाज़ किया

---

1. सौ, 2. प्रेमिका के विरह की मदिरा, 3. डैना, सबसे मुख्य पंख, 4. कण, 5. एकान्त, 6. विनम्रता, 7. सर्व के पेड़-जैसे क़दवाले।

उस माल की धुन में फिरते थे
ताज़िर भी बहुत, रहज़न[1] भी कई
है चोरनगर, याँ मुफ़लिस की
गर जान बची तो आन गई

ये साग़र-शीशे, लाज्लो-गुहर
सालिम हों तो क़ीमत पाते हैं
यूँ टुकड़े-टुकड़े हों तो फ़क़त
चुभते हैं लहू रुलवाते हैं

तुम नाहक़ शीशे चुन-चुनकर
दामन में छुपाए बैठे हो
शीशों का मसीहा कोई नहीं
क्या आस लगाए बैठे हो

यादों के गरेबानों के रफ़ू
पर दिल की गुज़र कब होती है
इक बिख़य: उधेड़ा, एक सिया
यूँ उज्म्र बसर कब होती है

इस कारगहे-हस्ती में जहाँ
ये साग़र-शीशे ढलते हैं
हर शै का बदल मिल सकता है
सब दामन पुर हो सकते हैं

---

1. बटमार।

जो हाथ बढ़े यावर[1] है यहाँ
जो आँख उठे, वो बख़्तावर[2]
याँ धन-दौलत का अन्त नहीं
हों घात में डाकू लाख मगर

कब लूट-झपट से हस्ती की
दूकानें खाली होती हैं
याँ पर्बत-पर्बत हीरे हैं
याँ सागर-सागर मोती हैं

कुछ लोग हैं जो इस दौलत पर
पर्दे लटकाते फिरते हैं
हर पर्बत को, हर सागर को
नीलाम चढ़ाते फिरते हैं

कुछ वो भी हैं जो लड़-भिड़कर
ये पर्दे नोच गिराते हैं
हस्ती के उठाईगीरों की
हर चाल उलझाए जाते हैं

इन दोनों में रन पड़ता है
नित बस्ती-बस्ती, नगर-नगर
हर बसते घर के सीने में
हर चलती राह के माथे पर

---

1. सहायक, 2. भाग्यशाली।

ये क़ालिख भरते फिरते हैं
वो जोत जगाते रहते हैं
ये आग लगाते फिरते हैं
वो आग बुझाते रहते हैं

सब साग़र, शीशे, लालो-गुहर
इस बाज़ी में बद जाते हैं
उट्ठो सब ख़ाली हाथों को
इस रन से बुलावे आते हैं

आए कुछ अब्र, कुछ शराब आए

आए कुछ अब्र, कुछ शराब आए
उसके बा'द आए जो अज़ाब[1] आए*

क़तअः

बामे-मीना[2] से माहताब[3] उतरे
दस्ते-साक़ी[4] में आफ़्ताब[5] आए

हर रगे-ख़ूँ में फिर चिराग़ाँ हो
सामने फिर वो बे-नक़ाब आए

उम्र के हर वरक़ पे दिल को नज़र
तेरी मेह् रो-वफ़ा[6] के बाब[7] आए

---

* पाठान्तर : उसके बा'द जो आए अज़ाब आए (शीशों का मसीहा : सं. अली सरदार जाफ़री)।
1. मुसीबत, 2. सुराही के छज्जे पर से, 3. चाँद, 4. साक़ी का हाथ, 5. सूरज, 6. कृपा और निष्ठा, 7. अध्याय।

कर रहा था ग़मे-जहाँ का हिसाब
आज तुम याद बे-हिसाब आए

न गई तेरे ग़म की सरदारी
दिल में यूँ रोज़ इनक़लाब आए

जल उठे बज़्मे-ग़ैर के दरो-बाम
जब भी हम ख़ानमाँ-ख़राब[1] आए

क़तअः

इस तरह अपनी ख़ामशी गूँजी
गोया हर सिम्त से जवाब आए

'फ़ैज़' थी राह सर-ब-सर मंज़िल
हम जहाँ पहुँचे कामयाब आए

---

1. जिसका घर उजड़ गया हो।

नज़्रे-ग़ालिब[1]

किसी गुमाँ[2] पे तवक़्क़ो[3] ज़ियादः रखते हैं
फिर आज कू-ए-बुताँ[4] का इरादः रखते हैं

बहार आएगी जब आएगी, यह शर्त नहीं
कि तश्न-काम[5] रहें गरचः बादः रखते हैं

तिरी नज़र का गिला क्या? जो है गिला दिल को
तो हमसे है कि तमन्ना ज़ियादः रखते हैं

नहीं शराब से रंगीं तो ग़र्क़े-ख़ूँ[6] हैं के: हम
ख़याले-वज़्ए-क़मीसो-लबादः[7] रखते हैं

---

1. ग़ालिब को समर्पित, 2. भ्रम, 3. आशा, 4. हसीनों की गली, 5. प्यासा, 6. ख़ून में डूबे, 7. क़मीज़ और लबादे की शक्ल के अन्तर का ध्यान।

ग़मे-जहाँ हो, ग़मे-यार हो के: तीरे-सितम
जो आए, आए के: हम दिल कुशाद:[1] रखते हैं

जवाबे-वाइज़्ज़े-चाबुक-ज़बाँ[2] में 'फ़ैज़' हमें
यही बहुत है जो दो हर्फ़े-साद: रखते हैं

---

1. चौड़ा, 2. पैनी ज़बानवाले वाइज्ज का जवाब।

तेरी सूरत जो दिलनशीं की है

तेरी सूरत जो दिलनशीं की है
आशन: शक्ल हर हसीं की है

हुस्न से दिल लगाके हस्ती की
हर घड़ी हमने आतशीं[1] की है

सुब्हे-गुल[2] हो कि शामे-मयख़ान:
मदह उस रू-ए-नाज़नीं की है

शैख़ से बे-हिरास[3] मिलते हैं
हमने तौब: अभी नहीं की है

1. आग जैसी जलती हुई, 2. फूल (बाग़) की सुबह, 3. निडर।

ज़िक्रे-दोज़ख: बयाने-हूरो-कुसूर[1]
बात गोया यहीं कहीं की है

अश्क तो कुछ भी रंग ला न सके
ख़ूँ से तर आज आस्तीं की है

कैसे मानें हरम के सहल-पसन्द
रस्म जो आज्शिक़ों के दीं[2] की है

'फ़ैज़' औजे-ख़याल[3] से हमने
आसमाँ सिन्ध की ज़मीं की है

---

1. सुन्दरियों और महलों की चर्चा, 2. धर्म, 3. कल्पना की उड़ान।

ज़िन्दाँ की एक शाम

शाम के पेचो-ख़म[1] सितारों से
ज़ीना-ज़ीना उतर रही है रात
यूँ सबा पास से गुज़रती है
जैसे कह दी किसी ने प्यार की बात
सहने-ज़िन्दाँ[2] के बे-वतन अशजार[3]
शरनिगूँ[4] मह्‌व[5] है बनाने में
दामने-आसमाँ पे नक़्शो-निग़ार

शानए-बाम[6] पर दकमता है
मेह्‌रबाँ चाँदनी का दस्ते-जमील[7]
ख़ाक में घुल गई है आबे-नजूम
नूर में घुल गया है अर्श[8] का नील

---

1. टेढ़े-मेढ़े, 2. जेल का आँगन, 3. पेड़, 4. नतमस्तक, 5. व्यस्त, 6. बारजे पर, 7. सुन्दर हाथ, 8. आसमान।

सब्ज़ गोशों में नीलगूँ साये
लहलहाते हैं जिस तरह दिल में
मौजे-दर्दे-फ़िराक़े-यार[1] आए

दिल से पैहम ख़याल करता है
इतनी शीरीं है ज़िन्दगी इस पल
जुल्म का ज़ह्र घोलनेवाले
कामराँ[2] हो सकेंगे आज न कल
जल्वागाहे-विसाल[3] की शम्एँ
वो बुझा भी चुके अगर तो क्या
चाँद को गुल करें, तो हम जानें

---

1. प्रेमिका के विरह की पीड़ा की लहर, 2. सफल, 3. जहाँ प्रणय-लीला होती है।

ज़िन्दाँ की एक सुब्ह

रात बाक़ी थी अभी जब सरे-बालीं[1] आकर
चाँद ने मुझसे कहा, "जाग, सहर आई है!
जाग, इस शब जो मये-ख़्वाब[2] तिरा हिस्सा थी
जाम के लब से तहे-जाम उतर आई है।"

अक्से-जानाँ[3] को विदा करके उठी मेरी नज़र
शब के ठहरे हुए पानी की सियह चादर पर
जा-ब-जा रक्स में आने लगे चाँदी के भँवर
चाँद के हाथ से तारों के कँवल गिर-गिरकर
डूबते, तैरते, मुरझाते रहे, खिलते रहे
रात और सुब्ह बहुत देर गले मिलते रहे

1. सिरहाने, 2. स्वप्न की मदिरा, 3. प्रेमिका का प्रतिबिम्ब (कल्पना)।

सह्ने-ज़िन्दाँ में रफ़ीकों[1] के सुनहरे चेहरे
सतहे-ज़ुल्मत से दमकते हुए उभरे कम-कम
नींद की ओस ने उन चेहरों से धो डाला था
देस का दर्द, फ़िराक़े-रुख़े-महबूब[2] का ग़म
दूर नौबत[3] हुई, फिरने लगे बेज़ार क़दम
ज़र्द फ़ाक़ों के सताए हुए पहरेवाले
अह्ले-ज़िन्दाँ के ग़ज़बनाक ख़रोशाँ [4] नाले
जिनकी बाँहों में फिरा करते हैं बाँहें डाले
लज़्ज़ते-ख़्वाब[5] से मख़मूर[6] हवाएँ जागीं
जेल की ज़ह्र भरी चूर सदाएँ[7] जागीं

दूर दरवाज़ा ख़ुला कोई, कोई बन्द हुआ
दूर मचली कोई ज़ंजीर, मचल के रोई
दूर उतरा किसी ताले के जिगर में ख़ंजर
सर पटकने लगा रह-रह के दरीचः[8] कोई
गोया फिर ख़्वाब से बेदार हुए दुश्मने-जाँ
संगो-फ़ौलाद से ढाले हुए जिन्नाते-गराँ[9]
जिनके चंगुल में शबो-रोज़ हैं फ़रियादकुनाँ[10]
मेरे बेकार शबो-रोज़ की नाज़ुक परियाँ
अपने शहपूर[11] की रह देख रही हैं ये असीर
जिसके तरकश में हैं उम्मीद के जलते हुए तीर

[नातमाम[12]]

---

1. साथियों, 2. प्रियतम के मुख का वियोग, 3. राजाओं के द्वार पर बजनेवाला वाद्य, 4. आर्तनाद भरे, 5. स्वप्न का आनन्द, 6. नशे में चूर, 7. आवाज़ें, 8. झरोखा, 9. बड़े-बड़े पिशाच, 10. फ़रियाद करते हुए, 11. शाहज़ादा, 12. अपूर्ण।

याद

दश्ते-तनहाई[1] में, ऐ जाने-जहाँ, लरज़ाँ[2] हैं
तेरी आवाज़ के साये, तिरे होंठों के सराब[3]
दश्ते-तनहाई में, दूरी के ख़सो-ख़ाक[4] तले
खिल रहे हैं तिरे पहलू के समन[5] और गुलाब

उठ रही है कहीं क़ुरबत[6] से तिरी साँस की आँच
अपनी ख़ुशबू में सुलगती हुई मद्धम-मद्धम
दूर—उफ़क़ पार, चमकती हुई, क़तर:-क़तर:
गिर रही है तिरी दिलदार नज़र की शबनम

इस क़दर प्यार से, ऐ जाने-जहाँ, रक्खा है
दिल के रुख़सार पे इस वक़्त तिरी याद ने हात
यूँ गुमाँ होता है, गरचे है अभी सुब्हे-फ़िराक़[7]
ढल गया हिज्र[8] का दिन, आ भी गई वस्ल की रात

---

1. एकान्त का जंगल, 2. कम्पित, 3. मृगतृष्णा, 4. घास और धूल, 5. चमेली, 6. निकटता, 7. विरह का सवेरा, 8. विरह।

यादे-ग़िज़ालचश्माँ, ज़िक्रे-समनइ'ज़ाराँ

यादे-ग़िज़ालचश्माँ,[1] ज़िक्रे-समनइ'ज़ाराँ[2]
जब चाहा कर लिया है कुंजे-क़फ़स बहाराँ

आँखों में दर्दमन्दी, होंठों पे उज़्रख़्वाही[3]
जानान:बार आई शामे-फ़िराक़े-याराँ

नामूसे-जानो-दिल[4] की बाज़ी लगी थी वरन:
आसाँ न थी कुछ ऐसी राहे-वफ़ाशआराँ[5]

मुजरिम हो ख़्वाह कोई, रहता है नासेहों का
रू-ए-सुख़न[6] हमेशा सू-ए-जिगरफ़िगाराँ[7]

---

1. मृगनयनी की याद, 2. चमेली के फूल-जैसे गालवालों की चर्चा, 3. विवशता प्रकट करना, 4. जान और दिल की मर्यादा, 5. वफ़ा करनेवालों का रास्ता, 6. बात की दिशा, 7. घायल जिगरवालों की तरफ़।

है अब भी वक़्त ज़ाहिद[1], तरमीमे-जुह्द[2] कर ले
सू-ए-हरम चला है अम्बोहे-बाद:ख़्वाराँ[3]

शायद क़रीब पहुँची सुब्हे-विसाल[4] हमदम
मौजे-सबा लिये है ख़ुशबू-ए-खुशकनाराँ[5]

है अपनी किश्ते-वीराँ[6] सरसब्ज़ इस यकीं से
आएँगे इस तरफ़ भी इक रोज़ अब्रो-बाराँ[7]

आएगी 'फ़ैज़' इक दिन बादे-बहार लेकर
तस्लीमे-मयफ़रोशाँ,[8] पैग़ामे-मयगुसाराँ[9]

---

1. तपस्वी, विरक्त, 2. वैराग्य में सुधार, 3. शराबियों की भीड़, 4. मिलन-प्रभात, 5. सुन्दर गोदवालों की सुगन्ध, 6. उजड़ी क्यारी, 7. बादल और बारिश, 8. शराब बेचनेवालों का सलाम, 9. शराब पीनेवालों का सन्देश।

क़र्ज़े-निगाहे-यार अदा कर चुके हैं हम

क़र्ज़े-निगाहे-यार अदा कर चुके हैं हम
सब कुछ निसारे-राहे-वफ़ा कर चुके हैं हम

कुछ इम्तहाने-दस्ते-जफ़ा कर चुके हैं हम
कुछ उनकी दस्तरस[1] का पता कर चुके हैं हम

अब एहतियात की कोई सूरत नहीं रही
क़ातिल से रस्मो-राह सिवा[2] कर चुके हैं हम

देखें •है कौन-कौन ज़रूरत नहीं रही
कू-ए-सितम में सबको खफ़ा कर चुके हैं हम

अब अपना इख़्तियार है चाहें जहाँ चलें
रहबर से अपनी राह जुदा कर चुके हैं हम

---

1. पहुँच, 2. अधिक।

उनकी नज़र में क्या करें फीका है अब भी रंग
जितना लहू था सर्फ़े-क़बा[1] कर चुके हैं हम

कुछ अपने दिल की ख़ू[2] का भी शुक्रान: चाहिए
सौ बार उनकी ख़ू का गिला कर चुके हैं हम

---

1. वस्त्र पर व्यय, 2. स्वभाव, आदत।

क़तअ:

मयख़ानों की रौनक हैं, कभी ख़ानक़हों की

मयख़ानों की रौनक हैं, कभी ख़ानक़हों की
अपना ली हवसवालों ने जो रस्म चली है
दिलदारी-ए-वाइज़ को हमीं बाक़ी हैं वरन:
अब शह्र में हर रिन्द-ख़राबात चली है

जुलाई, 1957

फ़ैज़ अहमद 'फ़ैज़'

जन्म : 13 फरवरी, 1911; गाँव–काला कादर, सियालकोट (पाकिस्तान)।

शिक्षा : आरम्भिक धार्मिक शिक्षा मौलवी मुहम्मद इब्राहिम मीर सियालकोटी से प्राप्त की। मैट्रिक स्कॉच मिशन स्कूल और स्नातकोत्तर मुरे कॉलेज, सियालकोट से। वामपंथी विचारधारा के जुझारू पैरोकार फ़ैज़ ने 1936 में *प्रगतिशील लेखक संघ* की एक शाखा पंजाब में आरम्भ की। 1935 में एम.ए.ओ. कॉलेज, अमृतसर और बाद में हेली कॉलेज ऑफ़ कॉमर्स, लाहौर में अध्यापन। 1938-1942 के दौरान उर्दू मासिक *अदबे-लतीफ़* का सम्पादन। कुछ समय तक फ़ैज़ ब्रिटिश इंडियन आर्मी में भी रहे, जहाँ 1944 में उन्हें लेफ़्टिनेंट कर्नल के पद पर पदोन्नत किया गया था। 1947 में सेना से इस्तीफ़ा देने के बाद *पाकिस्तान टाइम्स* के पहले प्रधान सम्पादक बने। 1959 से 1962 तक *पाकिस्तान आर्ट्स काउंसिल* के सचिव रहे।

1964 में लंदन से वापस आने के बाद फ़ैज़ कराची में अब्दुल्लाह हारून कॉलेज के प्रिंसिपल नियुक्त हुए।

1951 में फ़ैज़ को रावलपिंडी षड्यंत्र केस में चार साल की जेल की सज़ा भी हुई, जहाँ उन्होंने जीवन की कड़वी सच्चाइयों से सीधा साक्षात्कार किया।

प्रमुख रचनाएँ : *नक़्श-ए-फ़रियादी* (1941), *दस्ते-सबा* (1953), *ज़िन्दाँनामा* (1956), *मीज़ान* (1956), *दस्ते-तहे-संग* (1965), *सरे-वादी-ए-सीना* (1971), *शामे-शहूरे-याराँ* (1979), *मिरे दिल मिरे मुसाफ़िर* (1981), *सारे सुख़न हमारे* (फ़ैज़ समग्र) लंदन से और *नुस्ख़हा-ए-वफ़ा* (फ़ैज़ समग्र) पाकिस्तान से, *पाकिस्तानी कल्चर* (उर्दू और अंग्रेज़ी में) (1984)। राजकमल से *प्रतिनिधि कविताएँ* प्रकाशित।

फ़ैज़ की रचनाओं का अंग्रेज़ी, रूसी, बलोची, हिन्दी सहित दुनिया की अनेक भाषाओं में अनुवाद हो चुका है।

पुरस्कार : *लेनिन पीस प्राइज़, द पीस प्राइज़* (पाकिस्तानी मानवाधिकार सोसायटी), *निगार अवार्ड, द एविसेना अवार्ड, निशाने-इम्तियाज़* (मरणोपरान्त)। 1984 में मृत्यु से पहले *नोबेल प्राइज़* के लिए नामांकन हुआ था।

निधन : 20 नवम्बर, 1984, लाहौर।